ten to sen の
模様づくり

[増補改訂版]

The story of
"Pattern book from the north".

模様をつくりたいと思った
はじまりのこと

　小さい頃、わたしは本をよく読む子どもでした。外国の物語などは大好きなもののひとつで、レース、サテン、銀器、屋根裏部屋……場面を表現する文章に想像をふくらませてくれる言葉が散りばめられており、映画の中で見た小花柄の壁紙の部屋などを思い浮かべたりしていました。

　自分の部屋もそんなふうにしてみたいなと思い、ガラスの空きびんを飾ったり、花柄のハンカチをたんすから探し出して敷いてみたり、畳を隠すように敷物を何枚か敷いたり。ミスマッチだったけれども、子ども心に素敵な小部屋ができたとうれしく思ったものでした。そうした工夫はいま考えるとささやかなことでしたが、そのときのわくわくする気持ちは鮮明に覚えています。大きくなったわたしは、そんな気持ちを同じ気持ちの誰かに届けたいと思い"点と線模様製作所"をはじめました。

　子どもの頃のできごとから模様づくりをはじめるまでには10年以上の年月が流れましたが、細くて長い糸でずっとつながっていると感じています。

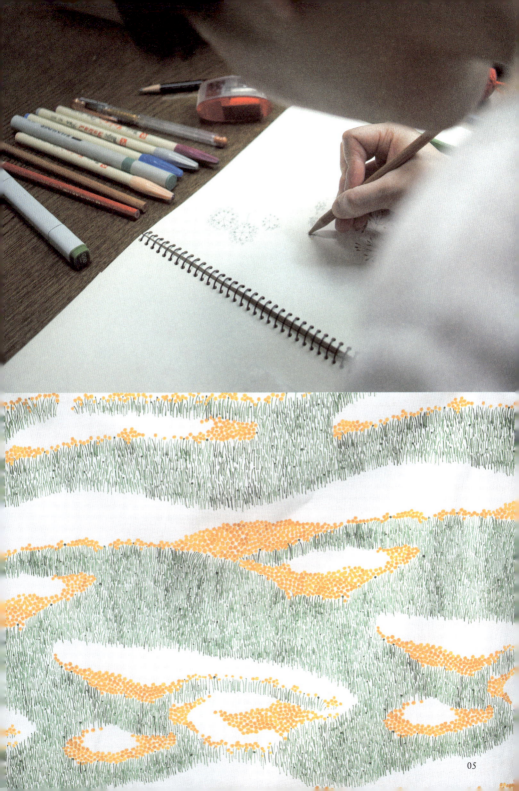

Contents

模様をつくりたいと思ったはじまりのこと ……… 03

Part I **北のアトリエから** ……… 08
- 01 北国のための壁紙模様 ……… 11
- 02 山の上の学校 ……… 14
- 03 デザインソースについて ……… 18
- 04 風景を置き換える ……… 21
- 05 いつもの風景 ……… 23
- 06 色をつくる ……… 27
- 07 点と線模様製作所という名前 ……… 30
- 08 作業場のこと ……… 33

Part II **北の模様帖** ……… 38
- 01 結晶 ……… 40
- 02 雪かきの後で ……… 44
- 03 紫陽花 ……… 50
- 04 bird garden ……… 56
- 05 tanpopo ……… 66
- 06 road side ……… 70
- 07 wild flower ……… 74
- 08 ever green ……… 76
- 09 amenojyokei ……… 78
- 10 mori ……… 82
- 11 しげみ ……… 90
- 12 四角い花 ……… 92

	13	キツネノ小道	…………	94
	14	サークルフラワー	…………	98
	15	ツバメ	…………	100
	16	林檎	…………	102
	17	紙になった模様たち	…………	106
	18	手芸にまつわる生地	…………	112
	19	窓辺の生地	…………	114
Part Ⅲ		**ten to sen の小さなものづくり**	………	118
	01	刺繍のくるみボタン	…………	120
	02	ミニバッグ	…………	124
	03	ブラウスにステッチ	…………	128
	04	あめ玉包みのネックレス	…………	132
	05	ミニファブリックパネル	…………	134
	06	バイアス生地でつくるコサージュ	…………	138
		おわりに	…………	141
column	01	貝の箱を開けると	…………	36
	02	2枚のセーター	…………	48
	03	点と線のプリント布が生まれるところ	…………	60
	04	「mori」の刺繍布づくり	…………	84
	05	「初雪の頃」の思い出	…………	104
	06	旅先で見つけたもの	…………	116

※本文中に記載した製品の価格は、すべて2017年5月現在の価格を税抜きで表示しています。

Part Ⅰ

北のアトリエから

点と線模様製作所の模様は、
小樽の小さなアトリエで生まれます。
都会とは違うゆるやかな時間の流れや
季節の移ろいの中で、
ゆっくりと模様づくりをつづけています。

01
北国のための壁紙模様

　わたしが模様づくりをするようになったきっかけは、何かものをつくることを勉強したいと思い、なんとなく入学した北海道東海大学の旭川校舎に通ったことでした。北海道の真ん中あたりに位置する旭川市は、大雪山のふもとに広がる夏は緑が深く、冬は真っ白な雪に包まれる街です。都会のようにものや情報があふれてはいないこの場所で、自分に向き合う学生時代を過ごすことができました。いままでに一番悩んだ時間だったかもしれません。

　1年目は色・形・素材の課題をこなす毎日で、その期間は勉強というよりもデザインの入り口に立つため、慣れるための訓練のような時間でした。2年目には場所づくりをしたいと思い、空間デザインのコースになんとなく進みました。「なんとなく」……あいまいな思いでやってきたわたしが苦労するようになったのは、この頃からでした。授業の中でくり返しものの形の意味を問われても、出てくる答えは「なんとなくかわいいから、好きだから」。それに対して「なんでかわいいの？」と問われると、言葉に詰まってしまいます。「かわいい色・形」の理由を考えたことなどなかったので、「なんとなく」であいまいにしてきた自分に悩むようになりました。無条件にかわいいが好きという気持ちと、意味のあるデザインをしなければいけないという課題の間を行ったり来たり。たやすく答えは出ず、言葉にできない日々が続きました。

　その日々から抜け出す転機となったのは、先輩の卒業制作を手伝ったことでした。学生最後のものづくりに取り組む先輩たちの姿は、とにかく夢中で取り組んでいるようにわたしの目に映りました。頭で考えるよりも行動だと感じ、デザインの意味を考えることは横に置いて、自分のつくりたいものをつくって卒業しようと思うようになりました。

モリス商会がつくった壁紙の多くは、彼が亡くなってから100年以上たったいまも市販されています。中央が「柳の枝（Willow Boughs）」［12,000円/1ロール］、ほかは右上から「Meadow Sweet」［12,800円/1ロール］、「Brer Rabbit」［15,300円/1ロール］、「Daisy」［14,300円/1ロール］、「Blackthorn」［14,900円/1ロール］、「Trellis」［18,000円/1ロール］。
（問）マナトレーディング東京ショールーム
03-5721-2831　※1ロールは52cm×10m

当時のわたしは空間の設計よりも、カーテンやテーブルクロスを取り替えて暮らしを彩るようなことを、何かしら形にしたいと思っていました。それを恩師に相談したところ、勧められたのが壁紙づくりでした。カーテンやテーブルクロスのように交換が容易なものではなく、はじめて模様というものをつくるのであれば、空間の中に存在しつづける壁紙にすると長く心地よく使える模様の基礎が学べるのではないか、という理由でした。

　そして恩師は模様づくりのヒントとして、かつて木版でつくられていたウィリアム・モリスの壁紙の再現というテーマを与えてくれました。ウィリアム・モリスとは、19世紀のイギリスで活躍したデザイナーです。産業革命後、世の中に大量生産品があふれるようになった時代に手仕事の重要性を掲げ、芸術と生活の一致をめざす「アーツ・アンド・クラフツ運動」の先頭に立った、「モダンデザインの父」とも呼ばれる人物。その彼がデザインした壁紙の模様は、まさに小さな頃にあこがれていた外国の物語の世界

右が卒業制作として再現した「柳の枝」の壁紙の完成品。左の2枚は葉の部分のプリントに使用した版木です。壁紙はこれに枝部分の2版と葉脈の1版を加えた5版で刷りました。

のものでした。

　まさか、壁紙の模様がつくれることになるとは思ってもいませんでした。しかし「つくってみれば」と言われたことがきっかけで、「つくってはいけない」と勝手に思っていた縛りが消えて、「つくってみたい」という思いのボタンが押されたのです。

　モリスがイギリスの身近な植物を題材にしたのなら、わたしも北海道の風景や植物を題材に模様をつくろうと思いました。そしてモリスの「柳の枝」という壁紙の再現からはじまり、最終的にはオリジナルの「北国の暮らしのための壁紙」が卒業制作となりました。このことが、模様づくりの基礎を勉強するきっかけとなり、点と線模様製作所という名前で模様づくりを仕事とするきっかけになりました。

　卒業制作での模様づくりは、子どもの頃の空想の時間とデザインを結びつけることで、私的な喜びだったことを自分のためではなく誰かのため、社会に役立つものへと昇華させなければいけないということでした。
　わたしがそこで自分が育ち、過ごしてきた北海道というフィールドを背景に選んだのは、はじめてつくる模様は自分の見てきたもの、触れてきたものを題材にしなければ描くことなどできないと思ったからです。慣れ親しんだ土地の風景やそこでの記憶が模様に意味を持たせてくれるように思ったのです。

　植物や風景といった目に見えるもの、冬の寒さや雨音といった目には見えないものなど、記憶の風景とともに模様が生まれます。誰かの暮らしと出会い、時がたち、その人の記憶の風景の一部となることを願いながら図案をつくります。5年、10年の時がたつ中では、わたし自身も旅に出て知らない土地の空気に触れることもあるかもしれません。題材を探すのではなくその場所に身を置くことで、見聞きしたものや記憶のかけらを描くように模様に綴ることができればと思っています。

（右ページ）夏の旭川校舎は、ふもとから見ると山の緑に埋もれたようになります。赤い屋根は体育館。この右手に校舎があります。

02
山の上の学校

　わたしが通った校舎は、山の上にあります。夏になると学校は木々の中に埋もれたようになり、ふもとから眺めると建物の頭の部分だけがのぞいて見えます。工房では木や樹脂、金属などを道具や機械を使って加工することを学んだり、デッサン棟では色彩構成や空間デザインの授業、卒業制作の時間を長く過ごしました。卒業制作に取り組んでいた間は、木版を彫ったり、長い紙を広げて大きな版をスタンプしながら模様をつくった思い出があります。ゼミ室では、先輩の卒業制作の模型づくりや空間スケッチに色を塗る手伝いをした思い出もあります。

　卒業するとものづくりの現場に入る学生もいれば、異なる分野の仕事を選ぶ学生もいます。社会に出て働くほんの少し前の時間、卒業の間際に発表する作品からは、誰のものにも最後の瞬間まで4年間の思いを詰め込んだことを感じることができました。

校舎の裏に広がるカラマツ林。

校内のスナップ。わたしが模様づくりをはじめた場所です。

木工作業などの設備が整った大学内の工房。学生は作業用のつなぎに着替えて、ここで思い思いの作業に打ち込んでいました。

　デザインに関係あることもないことも、たわいもない話をしながら、仲間たちの真剣な時間の隣にいることができたことが、わたしもそんなものづくりをしたいと思うきっかけとなりました。教室で過ごした時間よりも、ゼミ室で過ごした時間のほうが多かったかもしれません。

　大学ではテキスタイルの専門的な勉強をしたわけではありませんが、いろいろな素材に触れ、頭も手もめいいっぱい動かしものづくりの勉強をしたことで、体全体でつくることの大切さを知りました。
　わたしが学んだこの校舎は、2014年には閉鎖されてしまいました。それでも、卒業した後も折りに触れ学校で勉強したことを思い出し、いまの自分をつくってくれたのは、この校舎で過ごした6年間だったのだと感じます。校舎が使われなくなっても、わたしはこれからもあの6年間をくり返し思い出し、模様づくりのスタートに立ち戻るのだろうと思います。

03
デザインソースについて

模様が生まれるとき、
その背景には必ず「感動」があります。
それは「心が動く瞬間」や、
「心が揺さぶられるような瞬間」だったりします。
その瞬間は、静かにやってくることもあれば、
不意にやってきたりもします。
そのときの気持ちのかけらを瞬間冷凍するように
模様に閉じ込めたいと思っています。

（上）卒業制作のためにはじめて描いた模様の原画。
（中）模様を3色に分け、3枚の版をつくりました。
（下）完成したノイチゴの壁紙。原画のイメージを整理して、色も壁紙として主張しすぎないようブルーのトーンでまとめました。

04
風景を
置き換える

「北国の暮らしのための壁紙」としてはじめてつくったのが、ノイチゴ畑を題材にした模様です。

散歩の途中で、朝露が光る葉の中に見え隠れしながらなっているノイチゴを見つけました。ぽつぽつとここにも、あそこにも。緑の葉の中に宝物を見つけたような気分になりました。

まだ肌寒い気温、小さな緑の葉っぱの群集、葉っぱの上に朝露がついてきらきらしている、ところどころにノイチゴの赤い色……緑の葉の中に赤いイチゴを見つける宝探しをしているような気持ち。

こんなふうに風景を言葉に置き換え、ノートの上に並べてひとつの風景をつくったりすることがあります。ノイチゴの葉の群集は地面を埋めるように、細い草は上から眺めると放射状に線が広がるように茂っている──風景を言葉に置き換えることで、自分の中の風景が整理され模様に込めたい思いが浮かび上がってきます。あいまいだった模様の輪郭が言葉によってくっきりとし、どんな模様を描きたいかがはっきりとしてきます。生地を手に取ってくれる人や生地が置かれる空間に語りかけるような感じで言葉をメモすることで、わたしの目線で見ていたノイチゴ畑が、誰かの風景とも同じものになるような気がします。

はじめに思い浮かんだアイディアのかけらのようなものは最後まで大事にし、変えることのないように心がけます。模様づくりを進める中で、図案はいやがおうにも修正や変化をくり返していきます。その過程ではじめに思い浮かんだ風景まで変えてしまうと、軸がぶれ模様の奥にあった感動が薄れてしまい、その模様に出会う誰かの風景の記憶まで変えてしまうのではないかと思うからです。

赤いイチゴが葉の中に見え隠れする……緑の中にある赤は動物たちに種を運んでもらうために赤いのか？ わたしもつまみたくなります。こんな風景から、緑の葉の中に一定間隔で赤いイチゴが出てくる模様が浮かび上がりました。

05
いつもの風景

　わたしが住んでいる小樽は海の街です。春香山という名の山のふもとに住んでいるため、海岸沿いの駅までは下りの坂道です。

　大きな町、小さな町、いろいろと大きさはありますが、町の風景は遠くから眺めると赤や青、黄や緑の屋根や壁がキルトのクロスを広げたようです。重なりや一定の秩序を持った風景を見ると、模様に見えてきます。

　海岸から続く小さな住宅街の終わりは、山への入り口となっています。人の住む場所と山を隔てる場所です。その山には何度か登りました。あまり高い山ではありませんが、奥は深くそこから先は熊もキツネも鹿も住む山です。気安く入ることを許されない場所のような気がします。

　歩いて駅に向かうとき、坂の上から海を下に眺めるような景色になります。空と海の風景が道の先に広がります。雲の少ない快晴の日は海と空がつながったように見え、大きな海が道の先に広がるようです。空気の澄んでいる日は海岸の向こうに暑寒別の山々が海と空の間に見えます。坂道を下っていると平地よりも自然と足早になり、風をきって進んでいるかのようです。
　近くなるにつれて、海は見えなくなります。うねるような坂道はやがて見えてくる海への期待を隠すようです。駅への道を下るたびに「この先に海がある」と思わずにはいられません。

06
色をつくる

　生地ができあがるまでには、たくさんの工程がありますが、色を考えることもそのひとつ。色は図案をつくることと同じくらい大切な工程です。色は人の目には図案よりも先に飛び込んでくることもあるからです。遠くから見るとどんな服の模様を着ているのかわからなくても、何色かはわかります。みなさんの好きなお洋服の半分くらいは、もしかすると好きな色だったから手にしたのかもしれません。そもそも模様というものは、図案に色をさしてはじめて生まれるのかもしれません。

　色決めのときに、いつも意識していることがあります。模様の絵が頭の中に浮かんだときの、最初のアイディアを大事にするということです。まだそれは紙に描かれていない絵ですが、モノクロではなくカラーで思い浮かびます。「レイン＆ア・レインボウ」という模様をつくったときは、ブルーは雲間から雲間へと降り注ぐ雨の水色、黄色は晴れ間が見え隠れする日が差してきたときのまぶしさの色でした。思い浮かんだ色は、模様を形づくる作業を助けてくれ

（左ページ）模様の色をつくるときによく使うのが、水彩絵の具。パレットの上で絵の具を溶きながら、思い浮かんだ色を探します。
（上）わたしが送った依頼書をもとに、捺染工場でつくってくれた染めの色見本。

ます。その色で生地をつくることもあれば、使われる空間や、つくるものを想像しながら色をつくることもあります。

本当の色は生地に染めてみないとわかりません。最終的な色を染色工場に入稿するまでは、何度も調整をくり返します。ひょっとすると、模様をつくるより悩む時間は長いかもしれません。絵の具で色をつくるように、何かと何かを混ぜたような色ということを意識して探したり、色が見つからないときは絵の具で色をつくることもあります。

洗い立てのパレットで色をつくると濁りのない色ができ、パレットに色が重なるように乗っているときは、思いもよらず深い色ができることもあります。絞り込むのが難しいほど、どの色もきれいです。

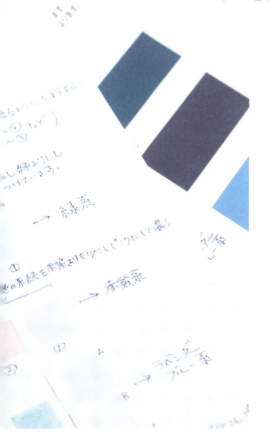

模様を捺染工場に入稿するときは、こんな依頼書をつけます。ここから染め見本のやりとりなどを経て実際に使用する色が決まり、ようやく染めの本番となります。

（上）緑の点を丸く連ねれば広葉樹、三角に連ねれば針葉樹に。
（右ページ）鉛筆で点を打ち、線を描いただけで雨粒やカスミソウの花束、小さな実をつけた植物など、画用紙の上にさまざまなものが現れます。

07
点と線模様製作所という名前

　無数の線の下に点をつけると、雨のように見えませんか？ 上から下へ、雨が空から地面に降ってきます。それを逆さまにしてみると、まるでカスミソウの花束のようです。

　点を線でつなげたり、点や線を集めて面のように表現したり、線が移動した軌跡が面になったり。点と線の組み合わせで無限の模様が生まれます。やわらかく描いたり、重ねたり、きれいな色をつけると、つくり手の思いや時代を描くことができます。

　10年、20年、歳月が続くかぎり、点と線に時間を織り込むように模様づくりをしたいという気持ちを「点と線模様製作所」という名前に込めました。

　暮らしが線でつながり年月となるように、いつからここにあるのかも忘れてしまうくらいに、使う人の暮らしになじんでひとつの風景のような模様になってほしいと思います。そういう模様をつくり出す場所になりたいのです。

08
作業場のこと

　模様をつくる机の横の窓は、定点観測地です。台所の隣にある机まわりがわたしの仕事場です。せまい場所ですが、その作業場が模様づくりを助けてくれます。

　座って横を向くと、窓越しにいつも同じ構図の風景があります。わたしだけの定点観測地のようです。季節や時間によって、一片の物語のように時間が過ぎていきます。

　パトロールをするように猫たちが脇の道を通っていき、雨の日は塀を伝うつる性の植物の葉を雨粒がぽたぽたと伝って土の上に落ちていきます。

　窓を開けていると目に見えるものだけでなく、外の音も聞こえてきます。庭仕事の音、風の音……。窓の向こうとこちら側が窓を介して混ざり合い、作業机のまわりがひとつづきにつながっていくようです。

　考えがうまくまとまらない、思ったような線が描けないなど煮詰まってしまい、形がまとまるまでにとても時間がかかることもあります。1日、3日と時間が机の前で過ぎていきます。でも結局は何度も描き直したり、手を動かし考える以外に生み出す方法はないようです。ひとつの模様ができるまでに、何枚ものスケッチが積み重なります。そうやって経過していった時間の分だけ、仕事場もなじんできました。そんな仕事場で、今日も定点観測をしながら模様づくりをしています。

(上・左)気になることを確認しようと図鑑を広げているうちに、作業机の上はすぐ本でいっぱいに。煮詰まったときにはお気に入りの画集や作品集を開くこともあります。
(右ページ)本棚には図鑑や画集、子どもの頃からくり返し読んできた絵本など、好きなものがぎっしりと詰まっています。

模様づくりがはじまると、しだいに図鑑が机の上に重なっていきます。図鑑が必要になるのは、タンポポの葉のギザギザの形状を確認したい、ミツバチはどんな羽の模様なのか……など、気になることが次々に出てきて、筆が進まなくなったとき。図鑑を見ながら特徴をとらえて、丁寧に描きます。ところがそうすると、こんどはいきいきとした線が描けなくなります。でも、本当のことを見て見ぬふりはできない。そんな押し問答を紙の上でくり返すうちに、線が定まってきます。

　整っているだけでは模様としてイメージとの隔たりを感じるし、逆に本当の形を知らずに描くことが違和感へとつながることもあります。だから、図鑑を眺めたり、植物を採取して特徴をとらえながら、でも整いすぎないように意識して描いていきます。やり直しをくり返しながら描いているうちに、自分の目で見たときの情景と重なって、線や模様がかたまってくるのです。

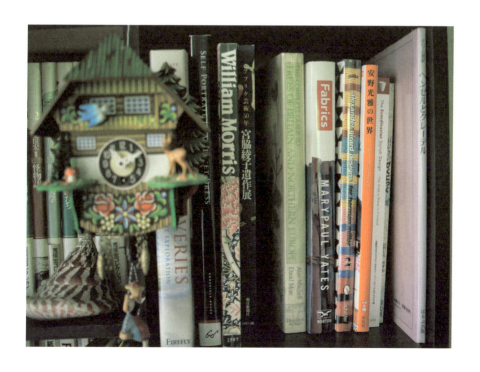

column 01.

貝の箱を開けると

　ずっと大切にしている貝の箱があります。中に入っているのは、小学1年生の夏休みに祖母と親戚がいる島根へ行ったときに海で自由研究のために拾ってきた貝です。

　その箱のふたを開けると、その頃の自分の記憶が浮かび上がるようです。岩場の海水に足をひたしていると、海藻や貝殻が指に触れていきます。そのときの感触や、心地よい時間の流れを目をつぶって思い出します。

　時間を積み重ねていく中で見たもの、触れたもの、聞こえてきたものなど記憶を紡ぐように織り交ぜてつくられたものは、誰かの記憶とも同じだといいなと思います。模様を手にする誰かにも、同じ気持ちで使ってもらえるような気がするからです。

自由研究としてつくった「貝の箱」は2箱。拾った貝を種類ごとに分けて標本にし、子どもの目には水玉とレースの模様がとてもおしゃれに見えたとっておきの空き箱に収めました。

Part Ⅱ

北の模様帖

「北の模様帖」は点と線模様製作所が制作している
オリジナル生地を集めた模様帖です。
身近な風景や草花、生きもの、小さな頃の記憶……
それぞれの模様に、ひとつの物語があります。

01
結晶

　雪が積もるといろいろな音が吸収され、街はしんと静まり返ります。車の音も犬の鳴き声も少し遠くに聞こえます。静かに降り続ける雪に、まだ降るのかと外を眺めてしまいます。そのうちに、窓辺にだんだん雪が積もっていることに気がつきました。

　窓枠の上にはじめの一片がゆっくりふわふわと落ち、またその上に積もっていきます。溶けることなくそれは雪と雪が手をつなぐように、くっついてつながり広がってゆきます。窓越しに見ていると、かぎ針編みで純白の細い糸が静かに編まれ、レース模様がかかっていくようです。誰かが窓辺に立って、レース編みを楽しんでいるのかもしれません。息を吹きかけるとほどけてしまいそうな、はかないガラス細工のようです。空からこんなに精巧な結晶が次から次へと降ってくるなんて。雪が降らないところに住んでいる誰かに見せてあげたいです。きっと喜んでくれると思うのです。

ひと口に「雪の結晶」といっても、そのかたちはじつにさまざまです。

40　Part Ⅱ｜北の模様帖

「結晶」の原画にした切り絵。模様のひとつひとつは直径1〜1.5cmくらいです。

　そんな雪のイメージが心に残り、繊細な結晶のレース模様をつくりたいと思いました。日の光を通しながら積もってゆく窓辺の雪を見ていると、雪越しに日がさしてくるようです。部屋の中に落ちる影と結晶のレース模様がつながって、切り絵で原画をつくることにしました。

　下絵を直接紙に描いて、その線をナイフで切っていきます。レース編みを編んでいるような気分で、細かく切り進んでいきます。星形の結晶の横には角柱の形のものを置くというように、いろいろな雪の結晶をつなげて進めていきました。
　自分で模様をつくりながら、雪の結晶は本当にきれいだなと思います。うっとりする気持ちに何度も手が止まり、窓に原画をかざして眺めながらつくりました。

　夏の北海道もいいのですが、わたしは白い雪の季節に来てほしいと思います。白い世界に包まれていると、真っ白な雪に心が染まっていくようです。遠くから見ていると、雪は単なる白いかたまりのように見えますが、近くで見るといろいろなことに気づかせてくれるのです。

完成した生地。これは布幅いっぱいまで使って、103cm四方のふろしきに仕立てたものです。写真の青、黄色のほかに白、緑の合計4色をつくりました。
[cotton100%・w116cm・3,200円/m]

02
雪かきの後で

　冬の朝、わたしも近所の人と同じように身支度をして外に出ました。

　赤い帽子に赤いスコップで雪をかく人。青い除雪機も雪を噴き上げるように進んでいきます。大雪の次の日の朝、通りは雪かきをする人でにぎわいます。赤や青、黄色のアノラックや道具の色彩が行き交います。雪かきをした後に残るのは、どんな模様でしょうか。
　スコップが雪をかくように進み、ストライプ模様を雪面につけていきます。冬の青空は透きとおるように澄んで白い雪が無数の宝石の粒のようにきらきらとしています。雪の季節は夏よりもまぶしくて、色彩が鮮やかに目に映ります。

　雪の季節は寒く雪かきも大変です。猛吹雪の中でも人や物の往来はつづきます。積もった雪の中をこぐようにしてみんな進む。雪かきをしなければ家から出られないのも、いつものことです。雪をうらめしく思う言葉がつい口をついて出てしまいますが、翌年の秋が終わる頃には雪が降らないかと待ち遠しく思うのです。
　家も車も屋根の雪はホイップクリームを載せたようにふんわりと、木には枝先にちょんと積もり、ボンボンの雪飾りをたくさんまとったようです。ポスト、電灯、ビル、電線……すべてのものが雪帽子をかぶりたたずみます。しんしんと降る日は、街が雪に包まれるようです。

クレパスで描いた「雪かきの後で」の
原画。実際の模様とほぼ同じサイズで
大きいので、小分けにカットして保管
しています。

(上・右ページ) どちらも雪の季節の日常風景。雪かきは大変だけれど、毎年心待ちにしている風景でもあります。
(下) 完成した生地。クレパスのタッチを残しつつ、単色で染めました。色は赤のほかに、原画の色を濃くしたブルーもあります。[cotton100%・w116cm・3,200円/m]

　「雪かきの後で」は、そんな冬のひとこまを題材につくった模様です。雪かきをすると、スコップのかき跡が雪の上についていきます。几帳面な人のかき跡はまっすぐな縞模様。わたしの線は大きくカーブしたり重なったり、あっちに進んだりこっちに行ったり……気のおもむくままに進んでいるようです。

　吹雪から解放され、青空の下、大きく雪をかいていく様子を図案にしようと思いました。スコップの行き交う線を、クレパスで描いた大きなストライプ模様で表現しました。クレパスは細かな表現はあまりできませんが、逆に大きくてのびのびとした線を描かせてくれます。

　鉛筆、フェルトペン、筆、それぞれに違う線を描いてくれます。その中でオイル質のクレパスは画用紙に浸透するのではなく、紙の上にのるようにこっくりとした明快な線を描かせてくれます。白い画用紙は地面に積もった雪のようで、その上をクレパスのおおらかな線が走ってゆきます。日常のひとこまを線に織り込むように、生地の向こう側にある温度や風景を届けたいと思いました。

column 02.

2枚のセーター

　人がものづくりをはじめる原点は「何かのため・誰かのため」、その積み重ねがものづくりの歩みだと思っています。

　小さな頃、わたしのおばあさんがふたりの孫の「結晶模様のセーターがほしい」という要望に応えて、セーターを編んでくれました。姉のものは細かな雪の結晶の編み込み柄でつくられた、年上らしい落ち着いた模様。いっぽう、わたしのものは大きな結晶を配した、かわいらしい模様でした。

　セーターをもらったとき、姉よりも5つ年下の自分にはこの模様がふさわしいと、子どもながらに納得していたことを覚えています。

　そのときのわたしは、自分の模様が用意されたと思うとただただうれしかったのです。とても素敵なセーターだと満足し、気に入って特別な日の1着という気持ちで着ていました。

　いま考えてみると、同じものを編めば考える時間も早いのに、祖母はあえてふたりにそれぞれの模様をつくってくれたのでした。もしかすると、祖母は子どもから少女へと成長する姉には、繊細な心を映すかのような模様を贈り、もう少し小さな子どもでいてほしいと願う妹には大きな結晶でつくった、子どもらしい明るい模様を贈ったのかもしれません。そうであれば、愛情がこもったおまじないをかけられたような気分で、とてもうれしくなります。

　いま、わたしもまた模様を「何かのために・誰かのために」と思ってつくっています。けれど、気持ちは目に見えるものではありません。模様を身近に置く人たちに、わたしの思いがそこはかとなく、魔法のように感じてもらえたらいいなと思っています。

いまでも大切にとってある、祖母が編んでくれたセーター。これは姉のために編まれたものです。

03
紫陽花(あじさい)

「また紫陽花の季節がやってきました。あなたはどんな紫陽花が好きですか。」

わたしは毎年、紫陽花の花が咲くのを楽しみにしています。毬のように咲く種類も好きですし、星が飛んでいるように見えるガクアジサイもいい。白い色も好きだったり、やっぱり青もいいなと思ったり。紫陽花の花言葉のひとつである「移り気」という言葉そのものですが、どの種類も好きなのです。強いて言えば、紫陽花のある庭の風景が好きなので、家のまわりの紫陽花を植えている庭を覚えて7月の散歩コースにします。この季節だけは雨の日に歩くのもいいかなと思うので、ときどき長靴をはき、傘をさして1時間ほどの散歩に出かけます。そんな日は、カタツムリも喜んで通りに出てきています。うっかり踏みそうになったときは、お詫びに道端にあるフキの葉の上にのせてやります。

しとしとと降る雨を受けてきれいに洗われた緑の葉の中に紫陽花の花を見つけると、心なしか色が深く見えます。戻ってくると、家の庭から一輪切ってきて机の上に。7月の紫陽花を部屋の中に飾ります。なんてすてきな花なんだろうと改めて思います。何度思っても思い足りません。だから紫陽花のスケッチが紙の上にどんどん広がっていきます。それが、はじめて生地の模様をつくるために描いた題材となりました。

　大きくてまるい葉、毬のように小花が集まった花、雨がとっても似合う花。花がこぼれそうなほどに咲いている風景からつくった模様です。はじめはクレパスで大きく、のびのびした気持ちで描いていたのですが、生地の模様にしたいと思うようになってからは、夏だけではなくもう少しだけ長く横に置いて使ってほしいと思うようになりました。

（左ページ）「紫陽花」の原画。これは最初にクレパスで描いたもの。
（下）散歩の途中で出会う紫陽花たち。散歩コースをひとまわりするだけでも、種類、色、さまざまな紫陽花に出会うことができます。

(下）完成した生地。写真はコントラストがくっきりした赤茶、ほかにベージュもつくりました。
[cotton100%・w116cm・3,200円/m]
(右ページ）最初の模様を整理して、切り絵にした原画。

紫陽花の気持ちは残すようにしながら、もう少し図案的で単純な構図に変更し、切り絵で原画の模様をつくり直しました。細かな星くずを集めるようにして花を描き、葉っぱの葉脈は紫陽花の葉の大きさを表現するように簡潔な線で。

点と線模様製作所の生地は、すべて手捺染という方法で染めています（60ページコラム参照）。手捺染は色の数だけ版を用意しなければならないのですが、紫陽花は図案を1色でつくったので、版を1枚使ってプリントします。切り絵の簡潔な線が、単色の世界をすっきりと見せて、紫陽花を形づくってくれました。

紫陽花の模様の構図をつくるときには、「花を少し傾けてそこに葉を入れて、また花を重ねて」というように丸い形を画用紙の上に配置していきました。それはガラスの花瓶に紫陽花を生けるような感覚なのですが、なかなか場所が決まりません。構図が落ち着くまでに何時間もやり直したことを思い出します。

2013年には、プリント生地の「紫陽花」をもとに、刺繡生地をつくりました。刺繡生地用の模様は、花を花として直接的な表現をするとかわいらしくなりすぎてしまうと考え、花の周りをステッチすることで花が角度や見方によって見え隠れするようにアレンジしました。気の赴くままにステッチを試行錯誤していた中でたどり着いた模様です。花と葉を同じくらいの円形状で描いたことで地模様のようにも見えます。華やかにも、落ち着いた感じにもなり、見る人によって印象が変わる定番の模様となりました。

　青紫、赤紫、水色、白、ピンク……紫陽花の多彩な色を見ていると、まるで人の心模様の数だけ色があるように感じます。わたしがとくに紫陽花に似合うと思うのは、紫系の色です。白、水色などとはっきり言いあらわせる色ではなく、変化を予感させる色が似合う花だと思うのです。

（左ページ）こんなふうに試し刺しをしながら、刺繡生地用に模様をアレンジしていきました。
（上）完成した生地。ブルーとピンク、イエローの3色をつくりました。小さなはぎれもくるみボタンなどに加工しています。
[cotton100%・w約116cm・9,000円/m]
（下）試行錯誤の末にまとまった刺繡生地用の図案。

「bird garden」の切り絵原画。進行とともに余白になっている部分にも、木の実や鳥を加えて模様を完成させました。

04
bird garden
バードガーデン

　夏の真夜中、ラジオを耳にまだ机に向かっている時間です。寂しいというのとは少し違うのですが、暑さも落ち着き気持ちが静かになる時間がやってきます。心が落ち着くと、耳も肌も窓から吹いてくる風を敏感に感じるようです。

　そんな風にのって、山から鳥の鳴き声が聞こえました。一見、暗く静まりかえった森から聞こえてくると、何とも不思議な気持ちです。ひとりで鳴いているの？　誰かを呼んでいるの？　もしかして寂しくて鳴いているの……？　昼の明るさの中では起こらない、夜だったからこそ、少しだけひとりの静かな気持ちを鳥の鳴き声に重ね合わせたようなできごとでした。

　月明かりの下で、枝や葉は鳥たちをどんな風にとりまいているのだろう。蜘蛛の巣についた夜露はきらきらと光るだろうか。夜にだけなる実はあるのだろうか……そんな不思議を題材に、夜の森が鳥の庭だったらと想像してつくったのが「bird garden」という模様です。

(上)「bird garden」の刺繡生地(ネイビー)でつくったバッグ。
(右ページ)ベージュの刺繡生地と、刺繡生地用の原画。
[embroidery:linen100%・w139cm・18,000円/m
print:cotton100%・w116cm・3,200円/m]
※プリント生地は58-59ページで紹介しています。

図案には、月明かりに照らされながら、枝と葉の間を鳥たちが行き交う風景を描きました。鳥は葉の間に見え隠れするような印象です。デザインを進めていく中で、のびのびと真夜中の森で過ごしている様子を表現するために、想像上の木の実や葉に囲まれて過ごしているような図案になっていきました。この模様はのちにつくったマスキングテープのデザインへとつながっていきます。上を向いている鳥は鳴いている鳥、下をのぞいているのは何かを探している鳥、鳥のポーズはいろいろなことを語っているように見えます。真っ暗な森の中で、鳥たちのおしゃべりがひそやかにくり返されるのです。

　街の灯りが明るくすみずみまで照らせても、夜の時間とともに扉を閉めて山は暗いままにしておきたいと思います。見えないもの、知らないことに出会うということは、私にとってとても大切なので、そのための余白はいつまでもあってほしいと思うのです。

column 03.

点と線のプリント布が生まれるところ
How to make print clothes of "ten to sen"

　点と線模様製作所のプリントの布は、スクリーンの版を使って色を染める「捺染(なっせん)」という方法で模様を染めています。染色工場には、屋内いっぱいに25mの染め台が平行に並んでいます。その台に布が貼られると、職人さんが手作業で版を移動させながら作業が進められていきます。金属のストッパーに版がセットされる音が響き、染め台の間を職人さんたちが行き交います。

　最盛期の頃にくらべると日本の捺染工場はずっと少なくなりましたが、技術は受け継がれ、1色ごとに版を変えて生地に模様を染めていく作業は変わることなくつづけられています。

　つくり手の手のぬくもりや思いが感じられるものづくりが残っていってほしいと、切に思います。自分が頼んだ赤い色が、それ以上の深みを持った赤でできあがってくることを願っているからです。デジタル制御された機械には、そんな期待は届かないような気がします。

　点と線模様製作所のプリント模様づくりに欠かせない職人さんたちの仕事場、染色工場の風景をのぞかせてもらいました。

左)3色の版（スクリーン）をつくり、試し刷りをした紙。　右上)工場にかけられていた、2種類の配色を染めた布。模様のピッチが一目瞭然です。　右下)「bird garden」の染め色見本。染料の配合とともに記録として残されています。　右ページ)3色を染め終わったばかりの布。

How to make print clothes of "ten to sen"

「bird garden」が染まるまで

1.
染め台に布をセットする

はじめに真っ白な綿の布を染め台にセットします。染め台の長さは1列が1反分でおよそ25m。この台が工場内には4列あり、一度に100mの布を染めることができます。染め台の表面は樹脂でできていて、布がぴったり貼りつくようになっています。この台の上にまず布を広げ、長いへらのような道具で空気を抜き、布の目を整えて染めの準備をします。

2.
ライトボックスで版をチェック

刷りはじめる前に、染め台の脇に据えつけられた巨大なライトボックスに版をかざし、目詰まりや傷がないかをチェック。この版は版画のシルクスクリーンに使用されるのと同じようなものです。原画を色別に分版し、必要な部分以外に染料がのらないよう、スクリーンの網目が乳剤でふさがれています。写真の版は、3版目に染めるベースカラー用のもの。瀧澤捺染さんでは製版をギルダ横浜（協同組合）の専門業者に依頼しており、版は手入れをすれば5〜6年は使えるそうです。

3.
1版目を染める

スクリーン1枚分の幅に合わせて染め台の下につけられたつまみにスクリーンをひっかけるようにして位置を合わせながら、模様のピッチひとつ分おきに染めていきます。染料はスクリーンの下にたまっていて、途中で足りなくなると注ぎ足します（右写真）。染め台は下から電気で温められていて、上から吹き出す温風とともに染料をどんどん乾かします。残りの部分は、いったん全体を染め終わり、最初の染料が少し乾いてからもう一度この工程をくり返して染めます。

4.
2版目を染める

1版目と同様の手順で、別の職人さんが2版目を染めていきます。この模様のように各色がハッキリ分かれた柄の場合は、薄い色から順にのせていくのだそうです。版の重なり順が変わると全体のバランスも全然違ってくるため、どんな色をどの順番でのせていくかは原画を受け取った段階で検討し、決めておく必要があります。右は、1版目のベージュに2版目のブルーを重ねたところ。

5.
3版目を染める

最後に、一番濃いベースのグリーンをのせます。すでに刷った2版とずれないよう、職人さんが慎重に位置を調整し(下左)、染めを開始(上)。別の職人さんが染めた後を追うようにして仕上がりをチェックし、染料のわずかな抜け部分につま楊枝で染料を足して補修していきます(下中)。

6.
布をつるし上げて
ひと晩干し、蒸す

染め終わった布は、両端に「ガリ棒」と呼ばれる釘とロープのついた棒をセットし、天井につるし上げます(左、中)。この状態でひと晩おいて乾かしたら、敷地内にある建物のような大型蒸し器で12分ほど蒸して染料の定着と発色をよくして(右写真。布は別の会社のもの)、余分な染料を洗い落とす洗浄、乾燥を経て、ようやく出荷できる状態になるそうです。

染料づくり

1	2	3
4	5	6
7	8	9

1)「染めの命」だと瀧澤さんが語る色を担う職人さんたち。色の配合の微妙な調整は経験が要だそう。　2)染料づくりスタート。レシピに応じて染料を計量し混ぜます。3)水を足し、火にかけて沸騰させ、なじませます。　4)井戸水がはられた水槽で冷まします。　5)染料のベースになる海藻由来のアルギン酸に冷ました染料を加えます。6)なんともレトロな天秤で粉末を計量。　7-8)計量していたのは尿素でした。これもカップに加え、よく混ぜ合わせれば染料のできあがり。　9)小さなマスが並んだスクリーンで試し染めをし、色を確認します。

株式会社瀧澤捺染
神奈川県横浜市港南区日野中央1-10-16
tel. 045-842-0660 (代)　takizawanassen.co.jp
先代からの技術を受け継ぎながら3代続く、瀧澤捺染。機械には出せない味わいを生み出す手捺染にこだわり、受注生産だけでなくオリジナル製品づくりにも力を入れられています。

協同組合 ギルダ横浜
神奈川県横浜市中区住吉町1-13 松村ビル別館
tel. 045-680-5114　www.gilda-yokohama.com/
横浜の捺染、製版、縫製工場などが加盟する協同組合。瀧澤捺染さんも加盟しています。

05
tanpopo
タンポポ

　春の日、小樽から札幌へ向かう列車に乗っていたとき、車窓から広い空地一面に咲くタンポポ畑を見ました。毎年、同じ場所にタンポポの草原が現れます。風が吹くとさわさわと揺れ、黄色と緑の大地が波立つようです。

　雪国に暮らす人たちは雪が溶けて間もない頃の花や緑の景色を見ると、やっと暖かい季節になったと安堵の気持ちでいっぱいになります。冬眠することこそありませんが、雪の季節は屋内で過ごす時間が多くなり、窓を開けることも少なくなってしまいます。その分、春は心も体もちぢこまっていた季節から解放され、手も足ものびのびとさせるような気分です。春に見る風景はそれだけでまぶしく、期待を感じずにはいられません。

　町の中にぽっかりとあらわれたタンポポの草原は、風景をどんどん変えながら走る列車の車窓が切り取った、一瞬の光景でした。
「あれっ、黄色のたんぽぽが広がっていた……かな？」
　何の前触れもなく広がる黄色と緑の草原に、わたしも不意にまぶしい気持ちになりました。毎年見ていた光景ですが、その年のその時間に心にとまったこの風景を模様にしたいと思いました。その一瞬の光景を忘れないように、模様のラフスケッチを急いでノートに描きとめました。

　模様のアイディアに煮詰まるときは、何をしていてもだめで、そわそわとしてしまい掃除などをはじめたり、何時間も机の前で時間が過ぎていきます。それでもなかなか進まないこともあるのに、春が運んできたかのような軽やかさで、舞い降りてきたように図案ができました。

「tanpopo」の原画。最初の感動をそのまま落とし込むように、水彩で描きました。

仕事場に戻り、スケッチをもとにタンポポの草原の中に身を置くような気持ちで模様をつくりました。重なるように密集して咲いている風景を、遠くから眺めるような構図です。遠景で見るとタンポポの草原が見え、近寄ると茎の動きや点々とつぼみなどが発見できる——そんな模様です。
　黄と緑2色を選び、水彩で原画を描きました。筆を真っ直ぐに進めるのではなく、風に吹かれてタンポポが揺れている様子を表すために左や右に少し傾けたり、群生して咲いている様子を表現しようと重ねるように描いたりしました。筆はペンと違い力の強弱が伝わりやすい画材なので、絵の具を含んだ筆は手の動きや微妙な揺れを画用紙の上に残してくれました。

　描きながら、この花が綿毛になった景色はどんなだろうと思いました。風に吹かれていっせいに飛ぶ様子が目に浮かびます。車窓という額縁を通して見たことで、あたりまえのように毎年見ていた風景を"発見"するといううれしい経験でした。

（左ページ上）北海道では春を過ぎてからも、こんな背の高いタンポポのような花があちこちに群生しています。しかしこれ、じつはタンポポではなくブタナ（タンポポモドキとも）」という外来植物です。ちょっとかわいそうな名前は、フランス語の呼び名「Salade de porc（豚のサラダ）」からきているそうです。
（左ページ下）完成した生地。配色のバランスを見ていくなかで、花の色は淡い黄色から濃い山吹色になりました。このほかに、花をグレー、茎をブルーにしたパターンもあります。
［cotton100%・w116cm・3,200円/m］

(上）散歩の途中で摘んできた草花。空き地に生い茂る雑草にも魅力的な形のものがたくさんあります。摘み取るのが少し申し訳ないと思いつつ、ついつい収集していまいます。
（左）生い茂る草花をじっくりと吟味して、ピンとくるものを選びます。

06
road side
ロードサイド

　花の名前を覚えるようになったのは、夏休みの自由研究がきっかけかもしれません。自由研究のレパートリーを思い出してみると「草花の収集」、「貝殻の収集」、「旅行記」……。作品をつくった記憶はなく、おもに観察と記録を題材としていました。日記をつけなさいと言われても3日坊主となってしまうわたしに、唯一できたのが収集と調べものだったようです。

　旅行先の海岸で貝殻を集めてきたり、松ぼっくりや道に落ちている面白い形の実を拾ったり。ときには植物ではなくきれいな色の空きびんを拾ってきたりもしました。そんな小さなものたちを机に並べては、満足げに眺めていたのを思い出します。夏休みという時間が散歩を探検気分にさせてくれたのかもしれません。

　そんな自由研究の中で、「身近な草花の観察」にも何度か取り組みました。とはいえ珍しい植物はそう簡単には見つからないので、レパートリーは毎回あまり変わりません。何度も同じ植物を登場させているうちに、わたしの記憶の中の植物になっていったのかもしれません。

　「road side」という名の模様は、当初「くさはら」という名前をつけて呼んでいました。それは草花が咲く草原のような模様をイメージしていたからです。ところが、捺染組合の職員さんと生地づくりのことを電話で打ち合わせし

（左上）ブロック塀から湧き出すようにはえたスギナとドクダミ。
（右上）傘のような形に花がつくドクゼリ。
（左下）花の色のグラデーションがきれいなクサフジ。
（右下）春から秋の草むらでは、ちょくちょくこんな出会いも。

ている際に、受話器の向こうから言い間違いの「道草」という言葉が聞こえてきました。その響きに違和感がなかったことから言葉が耳に残り、子どもの頃の記憶が思い出されました。

　道端の草をとりながら近道を探す帰り道。なかなか着かない子どもの頃の家路。気になる花や昆虫たちを見つけるたびに、何度も足が止まります。
　受話器の向こうから聞こえてきた「道草」という言葉が記憶の風景をはっきりと見せてくれ、「くさはら」をイメージして模様をつくっていたときよりも、模様の輪郭がはっきりと描けるようになりました。
　ペンペン草、スギナ、ノラニンジン……夏休みの自由研究で覚えた草の名前を呟きながら歩いていたこと、子どもの目線に広がる道端の風景を模様にしようと思いました。

レース模様のような切り絵を原画にしたのは、ノラニンジンやスギナの線の細い茎や葉を繊細に表現したかったから。スギナはつくしの成長後に伸びてくる栄養茎で、茎と細い葉でできています。厄介者の雑草ですが何とも涼やかで、細い葉が風に揺れている姿は緑の川が流れているようです。道に咲いている草花の多くは、ひとくくりに「雑草」と言われてしまうことが多いですが、季節ごとにひんぱんに目にしていると、いつしか記憶の風景とつながるものかもしれません。バラのような華やかさはありませんが、誰に手入れされるわけでもなく、いつもそっと横にたたずんでいる草花——わたしがつくりたい模様にぴったりな題材でした。

完成した生地。写真のブルーのほかに、ベージュもあります。
[cotton100%・w116cm・3,200円/m]

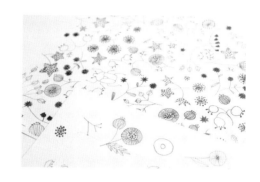

07
wild flower
ワイルドフラワー

　散歩コースの中にある薬科大学に、裏山を切り開いてつくられた薬用園があります。そこでは種類ごとに植え分けられたいろいろな植物を見ることができます。多種多様な草花が混ざり合ってうっそうと茂っている野山の中では、クローズアップして個別の形をとらえるには意識して見なければいけません。しかし山の中にひっそりと広がる薬用園では、区画を割って規則正しく配置された畑が植物の形態を自然の中で見るよりも整然と見せてくれました。

　薬用園の植物たちの間に身を置いて葉や花をスケッチしていると、ひとつひとつの花弁や茎、葉に刻まれている無数の線や点の模様が浮かび上がって見えました。ルーペをかざすとフレームの内側がまわりの世界から切り離され、その中だけに世界が広がっているように見えます。虫の目線にはなれませんが、ふだんの目線とは違うサイズで植物の世界をのぞくようにして描いたスケッチから生まれたのが、「wild flower」という模様です。

　花や葉の形をとらえるのではなく、花びらが落ちて中心部だけが残っている様子や、種が一定間隔でついている様子など、その中に広がる星のような形や、縞模様などを見つけて、線や点だけで植物を表現するというルールをつくって描きました。

（左ページ）「wild flower」の原画。鉛筆で描きました。
（上）山全体を使った薬用植物園の一角に区画された花壇があり、いろいろな薬用植物が植えられています。
（右）ルーペを通して植物を見ると、フレームの中に別の世界が広がります。
（下）完成した生地。写真のベージュのほかに、ブルーがあります。
［cotton100%・w116cm・3,200円/m］

08

ever green
エバーグリーン

大きく成長した針葉樹の枝は、布を幾重にも重ねてかけたように見えます。まるで森のカーテンです。

幸田文さんが書いた随筆集『木』の中のエゾマツの項を読んで、エゾマツは病原菌に弱く、太陽の光が届きにくいクマザサの下では大きくなれないこと、そのため自然の状態では倒木の上でしか大きくなることができないことを知りました。それを知ってから、雪の中に並んでたたずむ姿を見つけると、大きな家に見えるようになりました。カーテンを開けるように枝を分けると、深く続く森の世界を開けるようです。向こうにどんな世界が広がるのか目をつぶって思い浮かべます。

（上）針葉樹のばさばさとしたそでのような葉を見ると、かきわけて向こう側をのぞいてみたくなります。
（下）針葉樹の森は、目に見えないいろいろなことを想像させてくれます。
（右ページ上）完成した生地。写真はチャコールブラウン。ほかにミルクベージュとブルーもあります。
［cotton100%・w116cm・3,200円/m］
（右ページ下）「ever green」の原画。ペンでひと枝ごとに線の密度を変えて描いています。

　鳥たちが枝の間を飛び交っていて、その下では熊の親子がヤマブドウをほおばっているようです。川の向こう岸には鹿の群れが木々の間に見え隠れしながら歩いています。本当はどうしているのかは横に置いて、ひととき勝手に想像するのとても楽しいことです。わたしが森の中に入って見ようと思っても、実際に見ることはできません。森の住人たちはこちらに気づいて、そんな姿を見せないかもしれません。だから、頭の中で想像するのです。

　針葉樹の森を見ていると、中は薄暗くてあまりよく見えません。けれど見えないことが、深く続くその先を想像させてくれるのだと思います。

09
amenojyokei
アメノジョウケイ

　窓を開けて仕事をしていると、外の空気が部屋に入ってきます。晴れる日もあれば、風が強い日もあります。以前のわたしにとって、雨は憂鬱な天気でしたが、机に向かって仕事をすることが多くなってからは少し感じ方が変わってきました。とくに煮詰まって作業をしているときなどには、雨の日の薄暗さの中でのほうが、晴れの日の明るさの中でよりも、かえって落ち着いて図案づくりをすることができるような気がするのです。
　雨が降る前の湿度や陽の陰りも、ゆっくりと部屋の中に満ちていくように雨の予感を感じます。雨音が聞こえてくると、仕事の手を進めながら耳は音をとらえ、匂いや温度の変化も感じます。塀のアイビーの葉に雨粒が落ち、葉から葉へとぽたぽたと落ちていきます。小さな、とても心地よい音です。時計がちくたくと動く音のように、一定の間隔をおいて鳴り、その音に集中すると、静かな部屋にいるような落ち着いた気持になります。

　仕事のかたわらでいろいろな雨に出くわすたびに、雨の種類を調べるようになりました。しとしとと降り続ける地雨(じあめ)。ミストの中にいるような霧雨(きりさめ)。急に空が暗くなって降りはじめ、すぐにまた晴れる通り雨。それらは時間や季節によって時雨(しぐれ)や夕立などのように違う呼び方があり、同じ雨の降り方でも時間や季節によっていろいろと変わることを知りました。
　待ちわびていた雨のことを「喜雨(きう)」、「慈雨(じう)」と呼びます。どちらも雨がやっとやってきた喜びに満ちた呼び方です。わたしはこの呼び方を、夏の盛りに雨を待ちわびていた人がほっとした瞬間に生まれた呼び方のように感じ、学術的につけられたのではなく、そのときの気持ちや風土から生

(右)「amenojyokei」の原画。使った色は水彩絵の具の藍色だけ。同じ色の濃淡で模様を描きました。

（左）雨が降り出すと聞こえてくる、庭のアイビーを伝い落ちるしずくの音にじっと耳を傾けていると、しだいに心の中が静かになっていきます。
（右ページ）「amenojyokei」はスカートやカーテンなど、ギャザーを寄せて模様を眺められる使い方をしてほしい生地です。写真の紫のほかに、ブルー、グリーンもあります。
[cotton100%・w116cm・3,200円/m]

まれてきた呼び名なのではないかしらと想像しました。

　作業机に向かう時間が増えたことをきっかけに、雨という天気に思いを寄せるようになったわたしも、昔の人が名づけたような思いで雨の情景を模様にしたいと思うようになりました。雨を模様にするとしたら……模様づくりをしているときに聞こえてくる雨音の変化を題材にしたいと思いました。

　耳が記憶した雨の音、やさしく降ったり、風に揺れたり、激しく降ったり……窓がつなげてくれた模様です。刻々と変化しながら降る様子は心の変化を映しているようで、本を開いて閉じるまでに綴られる一片の物語のようでもあります。

　雨が空から降ってくる様子を縦縞に込め、その縞模様の中にもくもくと発達した積乱雲を組み合わせるように水彩で原画を描きました。筆に水を含ませる量を調整することで、何通りもの色の濃淡をつくることができます。濃い色のブルーの横には少し薄くしたブルーを置くというように、濃淡の変化に雨が刻々と変化する様子を重ね合わせました。普通の縦縞と違い色の変化がある縞模様なので、ギャザーを寄せるような使い方をすると、色が幾重にも重なるように見えます。それはまるで、窓から外を眺めたときに向こうまで続く雨の風景のようです。

10 mori
モリ

　この模様は、学生時代に卒業制作の壁紙のデザインのひとつとして考えたものです。描いた森は、ゼミ室からいつも見えていたカラマツ林からつづく森です。地面には松葉が積もりふわふわとして見え、深い森へとつづきます。はじめは葉の重なりを刺繍で表現したらきれいだろうな、と考えました。そこでそのときは、刺繍のステッチ模様を点描という表現に置き換えて、風に揺れる一枚一枚の葉を表現し、どこまでもつながる模様をつくりました。

　丸い葉っぱや、針葉樹の針のように細い葉など、それぞれの葉の特徴を点のひとつひとつに込めるように描きます。森の木々はひとつとして同じものがないので、少しずつ隣の木とは違う変化をつけるように筆を置きます。近くで見たときには森のざわめきやにぎやかさが、遠くで見たときには針葉樹や丸みを帯びた木々が重なり、深い森へとつながる風景がふわりと浮かび上がる、そんなイメージから構図が決まり、模様になっていきました。

(左ページ)「mori」の原画は、刺繍のステッチを筆の点ひとつに置き換えるようにして、水彩の点描で描きました。
(上)完成した生地。写真のグリーン系の配色は、最初のイメージにより近い色使いです。ほかにブルー×赤系もあります。
[cotton100%・w116cm・3,200円/m]
(左)大学のゼミ室からの眺め。窓の外にカラマツ林が広がっています。

column 04.
「mori」の刺繍布づくり
About the embroidery cloth of "mori"

　「mori」の模様を刺繍の図案に起こし直し、ステッチが施された刺繍の布をつくりました。10年近く前に刺繍でつくることができたらどんなに素敵だろうと思っていたものを、形にすることができたのです。

　先にプリント生地をつくっていたので、そこから刺繍のステッチのニュアンスを最大限引き出すにはどうしたらよいのか、神奈川レースの佐藤さんとのやりとりが進んでいく中で形になっていきます。原画の線を刺繍の機械に打ち込むトレースの作業では、鉛筆で描いた線のはみ出しなども大切に表現してくれます。その模様に込められた意味や背景を想像しながら、製図をしてくださっているそうです。

　ステッチをただ写すのではなく、ひと針ひと針に思いを込めた作業から生まれる刺繍布は、いつも生地を手にした瞬間に驚きを与えてくれます。それはわたしが考えた模様が自分の手を離れ、佐藤さんの手を介して新しい生地に生まれ変わる瞬間でもあります。

左)「デザイナーさんと一緒にものづくりをしていると、過程では悩むこともあるけれど楽しいです。贅沢な仕事をやらせてもらっていると思っています。こちらからもいろいろな提案をしながら、お互いが納得できる線にもっていくのがわたしたちの仕事です」と語る神奈川レースの佐藤さん。　右上) ステッチのイメージをもとに、佐藤さんがステッチでの表現方法を提案してくださいます。右下)「bird garden」と「mori」の試作品。

About the embroidery cloth of "mori"

「mori」の刺繍布ができるまで

1. 原画を6倍に拡大コピーし、ステッチを入力する

上段・下段右）どんなステッチをどんな密度で入れるかを決める、トレース作業。まるでひと針ずつ刺繍をしているかのような地道な作業です。入力する人によって仕上がりが違い、細かな表現もしやすいそう。この作業があるからこそ、手仕事の温もりのある刺繍が生まれるのだと思います。　下段左）使用するのは6倍にコピーした手描きの原画。トレースは、原画の線をデータ化する作業です。

2. 導布を縫いつける

ロールの状態で送ったベース布は刺繍の機械に合わせた規格の14.8mにカットされ、機械にとりつけるためのマージンになる「導布（どうふ）」という布が上下に縫いつけられます。工業用ミシンでダダダ、ダダダ、とこれも手作業でみるみる布が縫い合わされていきます。

3. 刺繍機でステッチをする

データ化されたステッチは、サンプルを検討し、修正、検討というキャッチボールを何度もくり返して最終的な図案にまとまります。まとまった図案のデータは刺繍機にセットされ、いよいよ刺繍の工程へ。神奈川レースで使われているのは、二十数年前から使いつづけているという大きな刺繍機。現在主流になっている高速機からすると効率的には決してよくないけれど、古い機械だからこそ出せる味があるそうです。

刺繍工場内部の様子。たくさんの針が同時に動き、14.8mの布に一気に刺繍が施されていきます。「mori」に使用されている糸は172本ですが、機械には最大520本まで糸がセットできるそうです。

4. キズをチェックし、補正する

左）刺繍を終えた布の裏側。随所に渡っている糸は別の会社に運ばれ、「シャーリングマシン」という機械を使ってかきとるそうです。刺繍の布は、機械にセットするボビンに糸を巻く会社、渡り糸を切る会社など、作業ごとにいくつかの会社で分業してつくられています。　右上）完成した布は検査を経て、途中で糸が切れてしまったところには印がつけられます。印がついた箇所は、担当の方がミシンを使った手作業で補正してくれます。　右下）「もうずい分長いことやってますよ」とおっしゃる補正担当の井上さん。作業に使用しているのは、足踏みミシンです。

神奈川レース株式会社（レース部）
神奈川県愛甲郡愛川町半原4390　tel.046-281-1155
神奈川レースは「パッと見てきれいな刺繍より、機械刺繍でも人の手のぬくもりが感じられる製品をつくろう」というこだわりのもと、十数年前からさまざまなデザイナーとの刺繍布づくりを続けている会社。手がけられた布は数えきれません。

11

しげみ

　目をつぶっていても思い出す、すぐ手の先に広がる「まぶたの情景」をテーマにつくった模様です。北海道に住んでいると冬には必ず雪が降り、あたりが真っ白の風景となります。子どもの頃から何十年と冬をくり返し経験すると、冷えた空気や踏みしめたときに「キュッ」と雪がきしむ音など、風景が目の前になくても、想像するだけで感触がよみがえるようなことがあります。

　それは、春の訪れについても一緒です。毎年2月の末頃になってくると、やがて来る春を思わずにはいられなくなります。あたたかくなったら「あれをしよう」「あそこへ行こう」と、春の景色を頭いっぱいに膨らませます。冬には雪、春には芽吹きというように四季を思い浮かべるものがたくさんあるということは、豊かなことだなと思います。寒くて長い冬も、やがて来る季節を想像することでつらさをやり過ごして春を待てるのですから。そんなことを思いながらつくった模様が「しげみ」です。

(左ページ)「しげみ」の原画。いっせいに植物が芽吹く春の景色を思いながら描きました。
(上) 完成した生地。写真のイエロー系のほかに、ベースの生地の色は同じで刺繍の配色が異なるピンク系もつくりました。
〔cotton100%・w約116cm・9,000円/m〕
(下)「しげみ」でつくった文庫本カバー。

（上）方眼用紙に四角を並べたり、重ねたり。いろいろな組み合わせを描き起こしながら模様をデザインしていきました。
（右ページ）完成した生地。生成りにピンクやイエローの花、グレーにブルー・グリーンやピンクの花という２種類の配色でつくりました。[cotton50%/linen50%・w約108cm・6,700円]

12
四角い花

　花や草、鳥や昆虫は自然界でも模様の世界でも人がふと足を止めて見入ってしまうような、人を引き寄せる力を持っていると思います。そうした力は多くの場合、「静と動」の「動」で表現されます。たとえば花が風に揺れてそよぐ様子。あるいは鳥が実をついばむ様子はまさに「しぐさ」で、その動きに人は力を感じるのだと思います。「動」の模様は見る人にパワーを与えます。

　一方で、「静」は動きが止まり、静かな気持ちになっていくような模様だと感じます。たとえば四角という形は円のように転がらず、三角のようにどこかを指し示すこともない、根を下ろした安定感のある形。そんな四角を使いながら、「静」の中に「動」の要素もある模様をつくりたいと思いました。四角を並べたり、重ねたり、いろいろな組み合わせをスケッチしていくうちに、花のように組み合わせた形にたどり着きました。花を連想させる組み合わせからは、静かな中に動きも感じられ、点と線らしい幾何学模様ができました。

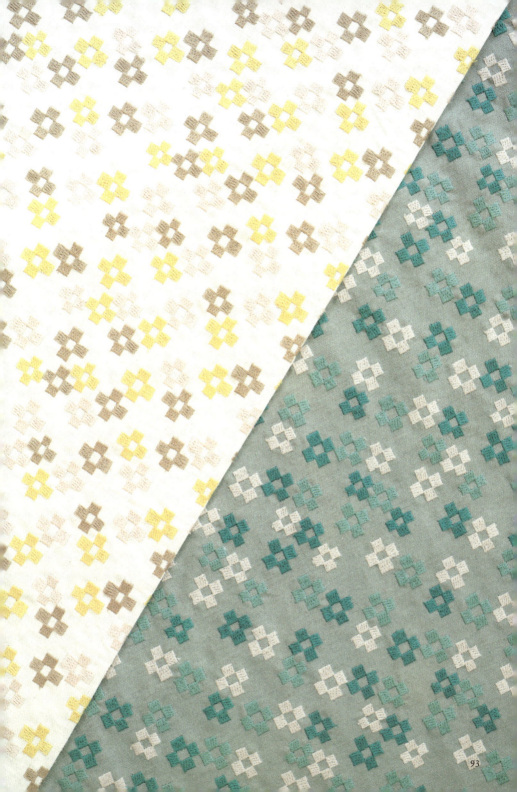

13
キツネノ小道

　しんしんと降った雪の次の日などに散歩をすると、新雪の上に飼い主と犬の散歩の跡や、カラスがちょんちょんと移動しながら地面につけた足跡など、いろいろな跡がついています。そんな中にキタキツネの足跡をみつけました。たどるように見ていくと、その跡は庭や公園の積もった雪の上を歩いています。夜に森の方からやってきたのだと思いました。人はつい人の暮らす時間で世の中が回っていると思ってしまいますが、キツネにはキツネの時間があるのだと、残された足跡を見て思いました。人の目線ではなくキツネの目線で見た世界──それを模様にしてみようと思いました。

完成した生地。左側はプリント生地のレッドです。刺繡生地は写真のグリーンのほかに、サックスブルーとイエローをつくりました。刺繡生地のベースは綿ブロードです。[cotton85％ / linen15％・w110cm ・3,540円/m（プリント）、cotton100％・w約116cm ・7,500円/m（刺繡）]

(左ページ)「キツネノ小道」でつくったトートバッグ。ベースの生地はすべて生成りで、イエロー、ブルー、レッドの3色のプリントがあります。

(上)はじめはプリント生地のような線表現で刺繍生地のサンプルをつくりましたが、その後面を埋めるように原画を描き直しました。写真は刺繍生地のファーストサンプルと、そのあとに描き直した刺繍生地用の原画です。

　足元にはキノコがあるかもしれない、蜘蛛の巣には朝露がついてキラキラと光って見えるかもしれない、ときどき仲間の臭いを見つけるかもしれない、リスはそんなキツネから隠れるように身を返したかも…というように、キツネの目線はにぎやかな森を私に想像させてくれました。

　模様のタッチは、トワルドジュイふうにつくりました。トワルドジュイはフランス発祥の西洋更紗で、田園風景や神話・文学の世界を題材に描かれた風景の模様が、プリント生地に豊かに表現されています。一枚の布の上で物語が進んでいくような構成が特徴です。

　キツネの歩みとともに目線が移り変わっていく様子から、物語を感じるトワルドジュイを連想し、模様が思い浮かびました。原画はペンで描き、キツネの仕草を植物たちが取り囲んで場面を進めていくように描きました。

(左)『アルベール・カーン・コレクション よみがえる100年前の世界』(デイヴィッド・オクエフナ著／日本放送出版協会刊) より。この若い夫婦の写真に惹かれて購入しました。
(右ページ) 完成した生地で仕立てたノースリーブブラウスとスカート。生地はアイボリーのほかにブラックもあります。
[cotton100%・w約120cm・12,000円 / m (総柄・スカートに使用)
cotton100%・w約116cm・5,500円 / m (ボーダーレース・ブラウスに使用)]

14

サークルフラワー

「サークルフラワー」は模様の一部を抜き出したリボンもつくりました［w11cm・2100円/m、w6cm・1,300円/m］。サークルフラワーの模様は、細かな木彫りの細工が気に入って購入したロシアの木の小物入れの模様にもどこかしら通じるものがあるような気がします。

　民族衣装などは手芸好きには創作意欲を掻き立てられるものがあると思います。私もそのひとり。なかなか実物を見ることはできないので、本などを見て古い手仕事に思いをはせています。そんな本の一冊に、民族衣装を着たスウェーデンの若い夫婦の写真に惹かれて購入した写真集があります。それは世界中に写真家を派遣してその国の人や暮らしを写真に収めたアルベール・カーン・コレクションの本。20世紀初頭の世界が映されています。現代の民族衣装は化繊を用いた素材のものも多く見られ、「本物」に思えないのですが、この本から伝わってくるのは手仕事の迫力です。生地は手で紡いだ糸を手織りしたもの。おそらく頭や首を飾る装飾もひとつひとつが手づくりで、代々受け継がれてきているもの。写真を見ているだけでため息が出ます。
　そんな日本からは時代も距離も遠く離れた国の手仕事に思いをはせてつくった模様が、「サークルフラワー」です。異国の模様をわたしなりに噛み砕いてつくった、最初の模様です。

15
ツバメ

　札幌競馬場の入り口近くに、見事なしだれ柳があります。とても大きくて何本かが並ぶように立っています。小樽から札幌に行くときに、数えきれないほどその木の前を通ってきました。ちょうど目の前の信号機で止まると、何度も見ているのに思わず見入ってしまうような迫力があります。夏の花火の「しだれ柳」そのものの風貌です。夏に下を歩くと緑のトンネル、滝の下を歩いているようです。風が吹くとしだれ柳の枝先が動き始め、いつしか木全体に伝わり「さわさわ」という葉ずれの音に包み込まれ、とても気持ちの良い道です。そんな心地よさを思い出しながら、ツバメと柳の模様をつくりました。

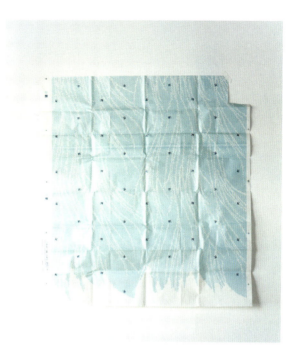

(左)生地のプリントサンプル。これで模様の状態などを確認し、完成としました。ブルーとピンクの2色展開です。[cotton80%／linen20%・w108cm・4,500円/m]
(上)「ツバメ」の捺染用のスクリーンをつくってもらったときに、試し刷りをした校正紙。

　つくっているときには夢中で思い出さなかったのですが、わたしにとって「柳」はとても思い入れのある題材です。この本のPart Iでもご紹介したように、わたしは大学時代にウィリアム・モリスの「柳の枝」という壁紙の模様を分解し再現することで、模様のリピートのつけ方や、版をつくることを学んだからです。モリスとは住む場所も時代も異なりますが、自分なりの「柳」の模様ができているといいなと思います。

16
林檎

　バラ科の林檎の葉は、ギザギザとした形をしています。好きな葉っぱの形のひとつです。
その葉っぱをたくさん散りばめた「林檎」は、鉛筆で描いた葉っぱがいろいろな方向に伸びてゆき、重なった葉の中に林檎が見え隠れし、旺盛に茂っている様子を表現した模様です。
　実のなる頃になると、鳥たちがついばんでいる様子もうかがえます。ヒヨドリなどはよく何羽かでやってきて、一生懸命に食べています。越冬前の腹ごしらえでしょうか。小樽では、渡りをする前のヒヨドリの姿をよく見かけます。頬がうっすらと赤くかわいい鳥です。そして数は少ないのですが、渡りをせずにそのまま残っているヒヨドリも見つけることができます。寒いだろうなと思うのですが、ヒメリンゴやナナカマドなど木に残る実を食べながら冬を越すのでしょうか。白い雪を背景に赤い実と鳥を見つけると、あたたかい気持ちになります。

（左ページ）右上のクラフト紙に描いたスケッチは、一番最初にアイデアが浮かんだときに描いたもの。その後、鳥をはずしたり、果実や葉、花の配置を整理して模様を完成させていきました。
（右）散歩の途中で出会った、柳の木にとまるヒヨドリ。
（下）完成した生地。グリーン×イエローと、ブルー×ベージュの2配色をつくりました。
［cotton80％ / linen20％・w108cm・4,500円/m］

column 05.
「初雪の頃」の思い出

　点と線模様製作所をはじめる前、札幌にあったcholonという雑貨店で1年弱ほどアルバイトをしていました。その縁でcholonのための模様をつくるお話をいただいたのは、2009年春のこと。とてもうれしく緊張したことを覚えています。

　ふわふわと降る雪景色を模様にした洋服地という要望をもとに、制作を進めました。上下に巻き上がるように吹雪く雪。雨のように細かく落ちる雪。紙をちぎったように降るぼたん雪。風に吹かれて枝からさらさらと離れる雪。中でもふわふわと降る雪は、寒いはずなのにあたたかくやさしい気持ちにしてくれる景色です。急いでいた気持ちもゆったりとさせてくれます。雪と雪の間にリズムをおりこみながら、初雪の頃の弾むような気持ちの模様をつくりました。「初雪の頃」という名前を付けてくれたのは、cholonのオーナーだった佐々木智子さんです。名は体をあらわすといいますが、それまでcholonらしい雪の降り方はどんなだろうと模索しながらつくっていた曖昧だった形が、名前をもらったことによってわたしの中ではっきりと輪郭が見えました。そしてそれが、模様ができあがったと思える瞬間となりました。

（左）「初雪の頃」で仕立てたスカート。大きさのちがうドットでふわふわと降る雪をあらわしました。ブラックのほかに、グレーもあります。
[cotton100％・w約110cm・4,500円/m]
（右ページ）「初雪の頃」の原画。濃紺に染められた和紙の上に雪を積もらせていくように、白で点々を描いていきました。

17

倉敷意匠計画室 × ten to sen

紙になった模様たち

　雑貨には、愛でる楽しさが大切だと思っています。それは利便性を求める気持ちとは種類が違い、人それぞれの中で積み重ねられてきた「好き」「かわいい」という感覚に響く部分です。そうした質感を持つものに出会った瞬間に、かわいいという気持ちが呼び起されます。

　わたしがかわいいと思うのは、たとえば懐かしいわら半紙のお便りのような質感や、お菓子の空き箱の中に集めたシールや切手の質感など。小さな頃からくり返し触れてきました。

　そんなわたしが以前から、その製品に込められた世界観に愛着を感じていたのが、岡山の雑貨メーカー「倉敷意匠計画室」(以下「倉敷意匠」)です。倉敷意匠の紙ものにはつくられた"かわいい"ではなく、どこか懐かしい記憶の上に生まれてくる雑貨のたたずまいがあると思います。

　その倉敷意匠の紙ものをデザインしているdrop aroundさん（この本のデザインも手がけていただいています）の紹介で、倉敷意匠の紙ものをつくらせてもらえることになりました。

a：メッセージバード
木々の間を楽しそうに行き交う鳥たちを題材にした模様。どんな会話かわかりませんが、その姿は何かを伝え合っているようです。

b：リトルガーデン
小さな庭から庭へとつながる町並みの風景がテーマ。草花が成長するとやがて垣根が消えて大きな庭のようにも見えます。

c：リスの森
エゾリスが住む森はヤマブドウやドングリなどの草木が茂る豊かな森。木の実のなる頃は森もリスもにぎやかに彩られます。

d：小さな花
名もなき花はないけれど、あの花は何だったかなと思いながら眺める花畑の様子を題材にしています。

倉敷意匠の製品として、はじめてデザインしたマスキングテープ。上から順に「メッセージバード」「リトルガーデン」「リスの森」「小さな花」。一番下は「リトルガーデン」の色違いです。[すべて同柄の色違い3本セット／550円]

はじめての製品は、2010年に図案を描いたマスキングテープでした。15mmという細幅の形状の中にどんな模様の世界を広げるかを考えるのが、わたしの仕事です。倉敷意匠からの注文は、「北の模様帖」らしい模様をつくるということと、製造工程から生じる条件のみ。モチーフや色などは何もイメージのない、白紙からのスタートとなりました。

　マスキングテープの面白さは、細幅のテープの中に、模様や色の世界が広がっていくこと。誰かがテープを指にかけ引き出すと、広い模様の世界が後からついてくるような様子をイメージしてつくりたいと思いました。生地の模様をつくるときと同じように、くり返しをつけることで、どこをカットしても模様が途切れることなく広がる世界を4種類のマスキングテープに表現しました。

　翌年は「北の模様帖」のシリーズを、いろいろな紙ものとしてつくらせてもらいました。アイテムはわたしからも提案させてもらえることになったので、暮らしに関するものをつくりたいと考え、コースターや紙ナプキンなどのテーブルまわりの紙ものを提案しました。

　いっぽう倉敷意匠からの提案は、ふたつ折りのカードやマッチ箱、ブックカバーなどのベーシックな紙もの。このシリーズは、アイテムごとのプリント技法に合わせて模様を選び、デザインしました。

2年目にデザインした凸版印刷（レタープレス）の紙ものシリーズより。手前から奥へ、「レタープレスのミニカードマッチ箱入り[カード20枚入り／420円]、レタープレスのコースター[同柄5枚セット／420円]、レタープレス二つ折りカード（小）[1枚／200円]

なかでも印象的だったのが、凸版印刷という技法が選ばれたコースターやカード。この印刷に合わせた模様は、筆で描き込んでいくのではなく切り紙の模様で原画をつくったり、繊細だけれども単純な点と線で模様を表現するようにしました。複雑な表現ではなく単純な点や線、面で構成することで、凸版印刷特有の凹凸の質感に表現を助けてもらおうと思ったからです。

　倉敷意匠の凸版印刷はドイツ製の印刷機で行われています。コンピューター制御のマシーンではなく、黒いかたまりのまるで機関車のような姿の機械です。窓際で黒光りする姿から、磨かれて大事にあつかわれていることを感じました。

　模様づくりを仕事にするようになって、まだ5年目です。けれどたった5年の間にも、人が動かしていた機械の作業がコンピューターの画面の中で指示を完結できるようにデジタル化され、使われる頻度が少なくなっている技法や技術は多いと感じます。生産性はよくなり安価につくれるようになった反面、つくり手の癖が均一な質感の中に閉じ込められてしまい、表面に出づらくなってしまった気がします。

　印刷は、自分の手から離れ新しいものが生まれる瞬間です。凸版印刷機とそれを操る職人さんの手から生み出されていきます。少しふっくらとした紙で和紙のような表面の質感、その上にインクがのるとしみるようにプリントされてできあがります。倉敷意匠は、わたしがデザインした模様から、知識と直感で凸版印刷という技法や素材を模様と結びつけてくれました。

　わたしから倉敷意匠へ、そして職人さんへ。その先に使ってくれる人がいることを思い浮かべながら、三者がそれぞれの仕事をバトンしていく、この輪がとても大切だと思いました。

存在自体が美しいドイツ製の古い凸版印刷機。

凸版印刷は〈版を腐食させて模様をつくる→緑、赤、黄色などの原色のインクを調合して色をつくる→紙や版を印刷機にセットし、職人さんがインクの量を調整しながらプレスする〉という手順で行われます。写真は、職人さんがインクの盛り具合などを調整しているところです。

(問) 倉敷意匠計画室 0866-42-9191

12

ホビーラホビーレ × ten to sen

手芸にまつわる生地

ホビーラホビーレ以下「HH」との出会いは、わたしが模様づくりをはじめたばかりの頃です。"かわいくて、きらきらして、やさしい"世界観を大切にした手芸まわりの商品を発表されているブランドです。HHとの図案づくりは、毎回自分にはなかった図案のタッチやイメージの新しいひきだしが開かれるような仕事です。たとえば色彩の使い方。

「フラワーパスウェイ」という模様をつくったとき、2色で描いていた原画を、提案に応じて6色で描き分けるように直しました。同系の色でも2～3色を使うようにつくり、色が増えることにより模様に重なりと奥行きが生まれました。晴の日もあれば雨の日もある、気分も季節も同じです。

色の奥行きが広がると、いろいろな気持ちに染まることができると思いました。この生地を材料に服をつくりながらどこに着て行こうかと考えたり、小さなあの子に着せてあげたいと思ったり。そんなふうに誰かが針を進めている光景が思い浮かびます。手づくりが大好きなHHとわたしだから、その誰かに届くことを思いながら、模様をつくります。

模様づくりはひとりの作業ですが、大きなテーブルでみんなで一緒におしゃべりをしながら、ものづくりのひとときを過ごしているような感覚です。HHとの模様づくりは、「手づくりの時間」を共有して過ごしていることを身近に感じながら描くことができるのです。

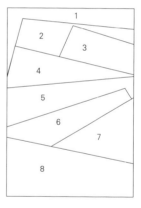

手にした人がいったいどんなものをつくるのかしら……と楽しい空想をしながら模様をつくる、ホビーラホビーレの布。これまでにデザインした模様の一部です。

1・5「フォレスト」、4・7「ワルツ」[linen55% /cotton45%]、6「サンフラワー」、8「ハイド・アンド・シーク」[cotton85% /linen 15%]、2「フラワー パスウェイ」[cotton100%]
（問）ホビーラホビーレ　03-3472-1104（代）※1-8とも、現在は販売終了しています。

13

マナトレーディング × ten to sen
窓辺の生地

　点と線模様製作所をはじめてから4年目のこと。マナトレーディングからカーテンをつくってみませんかと誘っていただきました。もともと部屋を彩るための生地をつくりたいと思ったことがten to senをはじめるきっかけだったので、迷うことなく挑戦したいと思いました。

　カーテンは部屋と外をつなぐ布、太陽の光を感じたり、夜の部屋をやさしく包んでくれたり、開けたり閉めたりしながらみんなの暮らしを見守ってくれるファブリックです。そこで、それ自体は主張することなく、けれどまた明日1日を元気に過ごす手助けになるようにと考えて、模様をデザインしました。

カーテン生地のデザインに挑戦し、できあがった模様から。左より「レイン ＆ ア・レインボウ」※販売終了、「ハイドアンドシーク」［4,200円/m］、「アジサイ」［4,800円/m］
（問）マナトレーディング東京ショールーム　03-5721-2831

レイン ＆ ア・レインボウ

雲間を通りながら落ちる雨を題材につくった模様です。はじめはどしゃぶりの強い雨の風景を題材に描いていましたが、カーテンをつくるにあたり、スケールの大きな模様に描き直しました。そうしたところ、雨の風景だけではなく、虹までも連想できる模様になりました。

ハイドアンドシーク

クローバー、スミレ、カモミール……庭はキルトのクロスを広げたようです。花から花へと蜜を集めるハチ、ひっそりとたたずむカタツムリ。日差しが降り注ぐ中、草の茂みで花も虫たちもかくれんぼをしているようです。

アジサイ

北の模様帖で2009年に発表した模様でつくったシアーカーテン用の生地です。太陽の光を、星くずのような模様を通して室内に落とし込むように、デザインを進めていきました。時間帯によって表情が変化し、使う人のお気に入りの空間になってほしいという願いを込めました。

column 06.

旅先で見つけたもの

　スウェーデンの街で、印象的な光景に出会いました。そこは壁紙とペンキのお店。店内のずらりと並んだサンプルは、どれもきれいな色と模様です。店の中は自分の部屋の壁をどうしようかと考えるお客さんでにぎわっています。どんな色のペンキで壁を塗ろうか、それに組み合わせる壁紙はどうしようかなど、誰もが真剣に材料を選んでいました。

　これは北欧の建築やデザインを見て回る研修旅行に参加し、街をぶらぶらと歩いていたときのこと。お客さんたちが材料選びをする光景は、たとえるなら洋服を仕立てるための生地を真剣に選ぶ様子に少し似ていて、みんな自分で家を仕立てることを楽しんでいるようでした。

　遠い国の街角で出会った光景は強く印象に残り、わたしもあんなふうに選ばれ、持ち帰られるものづくりの材料をつくりたいと思うきっかけとなりました。それ以降の自分の歩みが決まる理由のひとつとなった、旅先での出会いでした。

2004年の夏、北欧3カ国（スウェーデン、デンマーク、フィンランド）のデザインの視察を目的とする大学の研修旅行に参加しました。写真はそのときに撮影したスナップです。

Part III

ten to sen の小さなものづくり

模様がその魅力を本当に発揮できるのは、
生地が材料として使われて、何かしらのものに
形を変えたときだと思っています。
そこで、小さなものづくりをご紹介します。

※つくり方中の寸法について、記載がない場合の単位はすべて「cm」です。

01
刺繍のくるみボタン

01

刺繍のくるみボタン

シンプルな布に、簡単なステッチで模様を刺繍して、
くるみボタンに。小さなはぎれでもかわいく復活します。

材料 (各1個分)

【 直径25mmのボタン用 】
・無地リネン：5cm角
・直径22mm用くるみボタンキット
・25番刺繍糸：適宜

【 直径14mmのボタン用 】
・無地リネン：3cm角
・直径14mm用くるみボタンキット
・25番刺繍糸：適宜

つくり方

1. 布に好みの図案を刺繍する。
刺繍は布をカットする前に刺す。

刺繍は布をカットする前に刺す

2. ボール紙で型紙をつくり、布を丸くカットする。

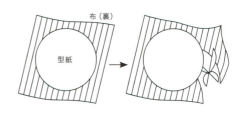

3. 布と上ボタンをくるみボタンのホルダーにセットし、布端を折り返す。

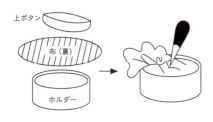

4. 下ボタンを乗せ、押し棒で押し込めば出来上がり。

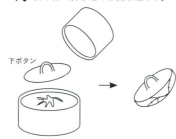

くるみボタン型紙

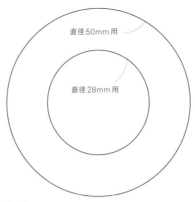

くるみボタン図案

※刺繍糸はすべて#25の3本どりで使用します。
※基本の刺し方はP.111を参照してください。

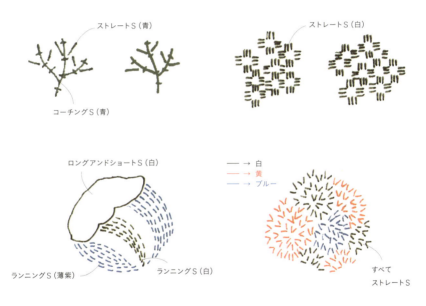

02
ミニバッグ

02

ミニバッグ

お散歩用にぴったりなぺたんこバッグ。
製品としても販売していますが、手づくりもおすすめです。

材料 (1個分)

【表布】
好みのコットンプリント：長さ35×幅50cm

【裏布】
コットン無地：長さ25×幅40cm

製図

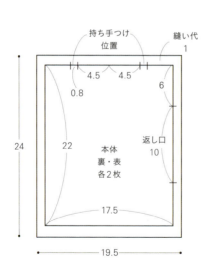
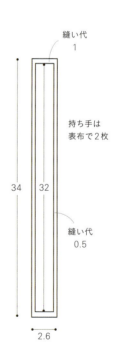

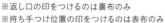

※返し口の印をつけるのは裏布のみ
※持ち手つけ位置の印をつけるのは表布のみ

つくり方

1. 本体の裏・表の布をそれぞれ中表に重ね、周囲を縫う。

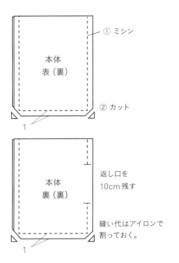

2. 持ち手をつくり、外表にした表袋の付け位置に仮留めする。

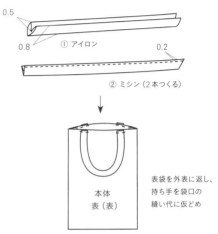

3. 裏袋に表袋を重ね、袋口を縫う。

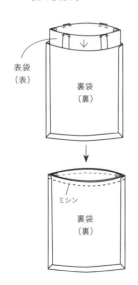

4. 返し口から表に返し、返し口をまつれば完成。

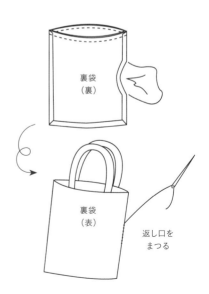

03
ブラウスにステッチ

手持ちのブラウスに、ちょっと刺繍をしてみませんか？
好みの柄を好みの位置に。ワンポイントで入れてもすてきです。

材料

・ブラウス：1枚　※シンプルなコットンやリネンのものがおすすめ
・25番刺繍糸：適宜

基本の刺し方

ランニングステッチ

ロングアンドショートステッチ

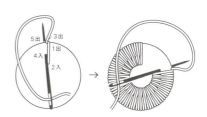

クロスステッチ

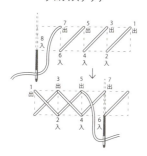

ストレートステッチ

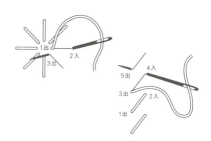

フレンチノットステッチ

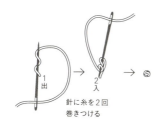

針に糸を2回巻きつける

コーチングステッチ

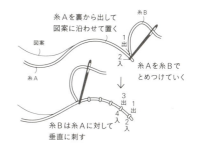

糸Aを裏から出して図案に沿わせて置く
糸Aを糸Bでとめつけていく
糸Bは糸Aに対して垂直に刺す

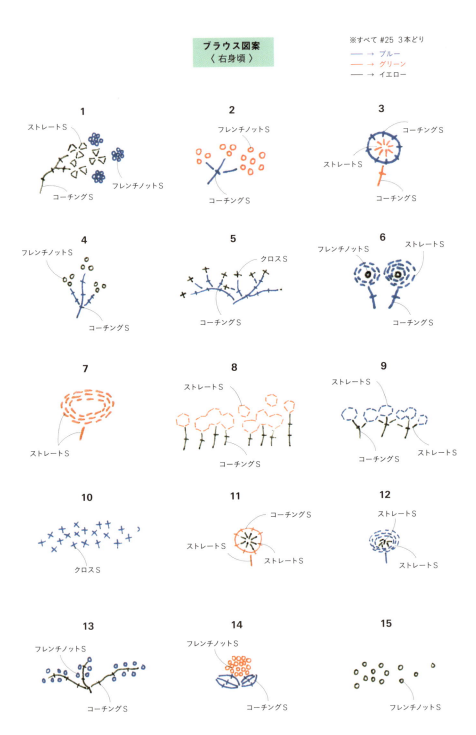

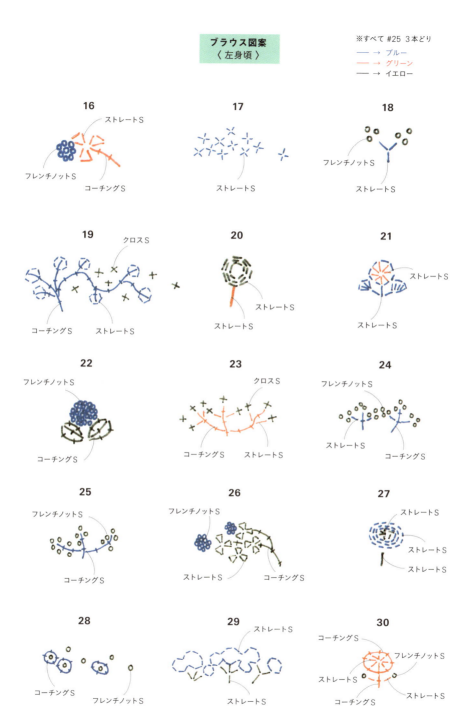

04
あめ玉包みのネックレス

筒状に縫った薄手のプリント生地でビーズをくるむだけ。
使う模様により、まったく違う雰囲気に仕上がります。

材料

- 好みのコットンプリント（薄手）
  （本体部分）幅6×長さ1m
  （首まわり部分）幅5×長さ50cm：2枚
- ボール型ビーズ
  直径15mm：5個
  直径12mm, 10mm：各4個

つくり方

1. 各パーツを中表の筒状に縫い、表に返す。

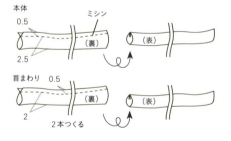

2. 本体用パーツにボール型ビーズを通す。

最初のビーズをパーツに入れ、中央に合わせて左右を結んで固定する。左右交互に残りのビーズを入れ、布を結んで固定していく。

3. 首まわりパーツを本体につなげる。

端を結んでつなぐ

ネックレスをつけるときは両端を好みの位置で結び、長さを決める。

05
ミニファブリックパネル

05
ミニファブリックパネル

お気に入りの模様で空き箱をくるんだだけの簡単パネル。
模様の連続性を意識して壁に固定してみてください。

材料 （1個分）

・好みの大きさの空き箱
・好みのコットンプリント
　※必要量は「布の裁ち方」参照
・スプレーのり

布の裁ち方

1. 使用する箱の寸法を測る。

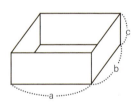

2. 箱のサイズの線をチャコペンで引き、周囲にのり代分を加えて裁つ。

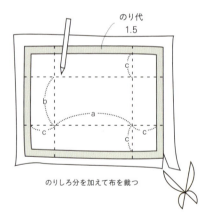

のり代 1.5

のりしろ分を加えて布を裁つ

3. 切り込みを入れる。

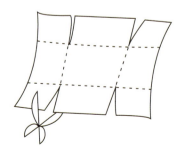

つくり方

1. 布の裏にスプレーのりを吹きかける。

2. 位置を合わせて箱を貼る。

3. パネル側面部分ものり代に切り込みを入れながら貼る。

4. 壁面などにプッシュピンを刺し、パネルをかける

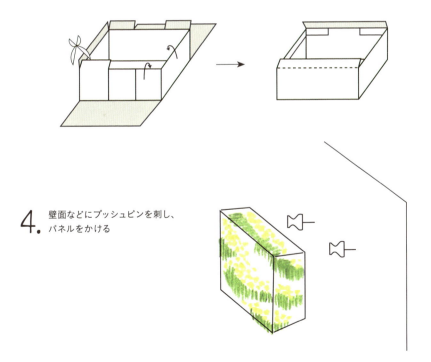

06
バイアス生地でつくるコサージュ

好みの生地にのりづけし、ギャザーを寄せてお花に。
模様がランダムに重なって、思わぬ色が生まれます。

材料　（各1個分）

【本体】
・6cm幅のバイアス布（薄手コットン）：3m分

【土台布】
・直径10cmの円形：1枚
・ブローチ台（台座の直径30mm）：1個
・木工用ボンド：大さじ1程度
・瞬間接着剤（多目的タイプ）

バイアス布の作り方（準備）

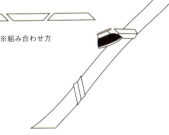

※組み合わせ方

45度

1. 使用する生地の布目に対して45度で幅6cmの布を裁つ。
※50×50cm程度から3m分が取れます。

2. 布端を合わせて縫い合わせ、1本のテープにする。

3. 縫い代をアイロンで割り、はみ出た縫い代をカットする。

つくり方

1. 準備したバイアステープをのりづけする。

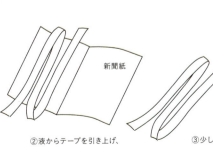

新聞紙

①木工用ボンドに40〜50℃のお湯800ccを少しずつ加えて溶かしたのり液をつくり、バイアステープを浸す

②液からテープを引き上げ、新聞紙に挟んで水気をとる

③少し乾かしてからアイロンがけする。

2. ギャザーを寄せる。

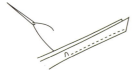

①テープを外表の二つ折りにし、わになった側を粗めの並縫いで縫い合わせる。

②最後に糸を引き、テープを寄せてフリルをつくる。ここでしっかり寄せておくと仕上がりがきれいに。寄せたら玉どめをして糸を切る。

3. 整形し、台座をつける。

①ギャザーを寄せたテープを端からくるくる巻いて花の形に整える。

②縫いとめる前に、根元を輪ゴムでとめる。

③底側を縫って仮どめをする。

④接着剤をつけて固定する。

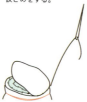

⑤台座をつくる。直径10cmの円にカットした布の縁を粗めに並縫いする。1周縫い終わったら糸を引っぱり形を整える。

⑥本体の接着剤が乾いたら、底面を土台布でおおい、周囲をまつる。

⑦台座に接着剤をつけ、ブローチ台をつける。

4. 花の形を整える。

外側からテープを開き、花の形を整える。はみ出た部分をはさみでカットして、高さを整えればできあがり。

おわりに

　「ten to sen の模様づくり」が最初に出た2012年から4年あまりが経ち、「北の模様帖」のコレクションも毎年少しずつ増えてきました。そうした新作も加えて2017年のいま現在までの「点と線模様製作所」の仕事を振り返ったのが、この増補改訂版です。
　その間、各地で販売をしながら札幌に小さなお店を開きました。点と線のオリジナルの布と布小物のお店です。拠点ができたことにより、一年を通して販売ができるようになりました。お客さんとの会話から新しい模様や、季節に合わせた色をつくる大切さを感じるようになりました。
　いま、私がつくっている模様は36歳の私が思い出すことであったり、見たり感じていることがもとになっているように思います。それはいまの自分にしかつくることができず、かけがえのないことだと思います。10年後もいまと同じように生地をつくって売ることができているといいなと思います。特別なことではなく一年一年、模様帖のページが増えていった先に、誰かの模様としてその人の暮らしの風景の一部になっているとことを願っています。

点と線模様製作所 直営店

住所／札幌市中央区南1条西15丁目1-319
シャトールレーヴ306
電話／011-215-6627
営業日／木曜日〜日曜日
（イベントなどのため定休日となる場合もあり）
営業時間／12：00-18：00

Profile

岡 理恵子 | Rieko Oka

模様作家。1981年、北海道生まれ。北海道東海大学大学院芸術工学研究科卒。大学の卒業制作として北国の自然を題材とする壁紙の制作に取り組んだことをきっかけに、オリジナルの模様づくりをはじめる。その後、より身近な布へと素材を広げる。2008年からは「点と線模様製作所」として活動をスタート。北海道を拠点に、身近な風景、動植物、季節や天気の移ろい、音、記憶などを題材とした模様をつくり、倉敷意匠計画室の紙ものやファブリックの図案制作のほか、「北の模様帖」という名前でオリジナルのテキスタイルを制作している。製品は不定期に開催される展示会や取り扱い店、「点と線模様製作所」ウェブサイトなどで販売されている（取り扱い店情報はウェブサイトをご参照ください）。

http://www.tentosen.info/

Staff

デザイン	drop around（青山剛士・青山吏枝）
写真	松本のりこ
	※P.18、P46-47の雪景およびP116-117の写真は著者撮影
	※P110-111の写真はdrop around撮影
イラスト	著者
企画・編集	笠井良子（グラフィック社）

撮影協力（50音順）
神奈川レース株式会社
株式会社瀧澤捺染
cholon 東京店
東海大学芸術工学部
北海道薬科大学

読む手しごとBOOKS

ten to sen の模様づくり
［増補改訂版］

The story of
"Pattern book from the north".

2017年5月25日　初版第1刷発行

著　者	岡理恵子
発行者	長瀬聡
発行所	株式会社 グラフィック社
	〒102-0073　東京都千代田区九段北1-14-17
	TEL 03-3263-4571　FAX 03-3263-5297
	http://www.graphicsha.co.jp
	振替 00130-6-114345
印刷・製本	図書印刷株式会社

落丁・乱丁の場合はお取り替え致します。
本書のコピー、スキャン、デジタル化等の無断複製は著作権法上の例外を除き禁じられています。
本書を代行業者等の第三者に依頼してスキャンやデジタル化することは、たとえ個人や家庭内での利用であっても著作権法上認められておりません。

ISBN 978-4-7661-3049-2 C0076
©Rieko Oka 2017

「ten to sen の模様づくり」
オリジナルペーパーの使い方

「北の模様帖」の模様や、その原画などをアレンジした模様をプリントして、本書オリジナルペーパーを16枚つくりました。それぞれの模様を眺めて楽しんでいただくのはもちろん、切り取ってペーパークラフトに使っても。その一例として、次ページには「ぽち袋」の型紙を載せました。ぽち袋は、1枚の用紙から、大、小が各ひとつずつつくれる寸法です。切り取る部分により模様の出方が違うので、ペーパーのどこから切り取るかの位置決めは慎重に。ほかにもマッチ箱の外箱に巻いたり、好みのかたちに切り抜いてコラージュのパーツにしたり、フレームに入れてお部屋に飾ったり。使い方はアイディアしだいです。

ぽち袋実物大型紙

- 巻末とじこみのオリジナルペーパーを使って、ぽち袋をつくることができます。
- Aはミニサイズ、Bは標準的なぽち袋のサイズです。
- 型紙をボール紙などでつくっておけば、くり返し使えます。カットした紙を①〜⑤の順に山折り、のりづけすればぽち袋が完成します。

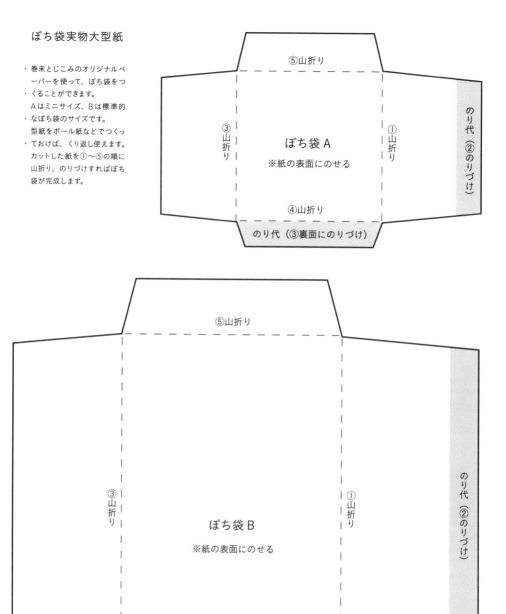

「雪かきの後で」print

「紫陽花」原画

「紫陽花（刺繍）」原画

「bird garden」原画

「tanpopo」print

「wild flower」print

「ever green」print

「amenojyokei」原画

「mori」原画

「rain & a rainbow」原画

「hide and seek」print

「四角い花」原画

「キツネノ小道」print

「サークルフラワー」原画

「ツバメ」print

「林檎」print